따라쓰기 쉬운

바른 글씨체 쓰기

고학년

지원출판

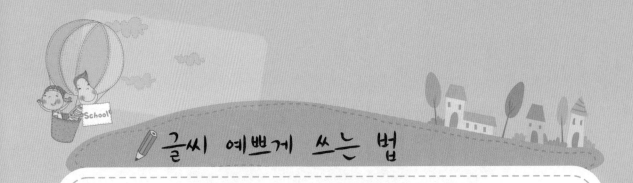

글씨 예쁘게 쓰는 법

바른 자세는 예쁜 글씨의 기본조건입니다. 같은 사람이라도 필기구 잡는 법을 바꾸면 글씨체가 바뀝니다.

필기구를 제대로 잡아야 손놀림이 자유롭고 힘이 많이 들어가지 않으며 글씨체도 부드러워집니다. 또 오른손이 필기구를 잡는다면 왼손은 항상 종이 위쪽에 둬야 몸 자세가 비뚤어지지 않습니다.

글씨 연습의 원칙 중엔 '크게 배워서 작게 쓰라'도 있습니다. 처음부터 작게 연습을 하면 크게 쓸 때 글씨체가 흐트러지기 쉽기 때문입니다. 글씨 연습의 첫 출발은 선 긋기입니다. 선 긋기만 1주일에서 열흘 정도 연습해야 합니다. 글씨의 기둥 역할을 하는 'ㅣ'는 쓰기 시작할 때 힘을 주고 점차 힘을 빼면서 살짝 퉁기는 기분으로 빠르게 내려긋습니다. 'ㅡ'는 처음부터 끝까지 일정한 힘을 줘 긋습니다.

선 긋기 연습이 끝나면 'ㄱ' 'ㄴ' 'ㅅ' 'ㅇ'을 연습합니다. 'ㄱ'과 'ㄴ'은 꺾이는 부분을 직각으로 하지 말고 살짝 굴려줘야 글씨를 부드럽게 빨리 쓸 수 있습니다. 'ㅇ'은 크게 쓰는 것이 중요합니다. 'ㅇ'은 글자의 얼굴격이기 때문입니다. 작게 쓰면 백발백중 글씨가 지저분하게 보입니다.

다음엔 자음·모음 배열법입니다. 글자 모양을 '◁' '△' '◇' 'ㅁ' 안에 집어넣는다고 생각하고 씁니다. 예를 들어 '서' '상' 등은 '◁' 모양, '읽'은 'ㅁ' 모양에 맞춰 쓰는 식입니다. 글씨를 이어 쓸 때는 옆 글자와 키를 맞춰줘야 합니다. 키가 안 맞으면 보기 흉합니다. 글씨를 빨리 쓸 때는 글자에 약간 경사를 주면 됩니다. 이때는 가로획만 살짝 오른쪽 위로 올리고, 세로획은 똑바로 내려긋습니다.

예

이책의 구성과 특징

❶ 글씨 쓰기는 **집중력과 두뇌 발달**에 도움을 줍니다.

❷ 흐린 글씨를 따라 쓰고 빈칸에 맞추어 쓰다 보면
　 한글 자형의 구조를 알 수 있습니다.

❸ 글씨쓰기의 **모든 칸을 원고지로 구성**하여 바르고 고른 글씨
　 를 연습하는데 좋습니다.

❹ **원고지 사용법을 기록**하여 대화글 쓰는데 도움이 됩니다.
　 예 ? (물음표) – 묻는 문장 끝에 씁니다.

❺ **퍼즐을 넣어** 단어의 뜻과 놀이를 동시에 할 수 있습니다.

❻ 단원 끝나는 부분에 **틀리기 쉬운 글자를 한번 더** 복습하여
　 낱말의 정확성을 키워 줍니다.

글씨를 쓸 때의 올바른 자세에 대해 알아보아요.

고개를 조금만
숙입니다.

글씨를 쓰지 않는
손으로 공책을
살짝 눌러 줍니다.

허리를 곧게
폅니다.

엉덩이를 의자
뒤쪽에 붙입니다.

두 발은 바닥에
나란히 닿도록
합니다.

 연필을 바르게 잡는 방법을 알아보아요.

엄지손가락과
집게손가락의 모양을
둥글게 하여 연필을
잡습니다.

연필을 잡을 때에
너무 힘을 주면
안 돼요.

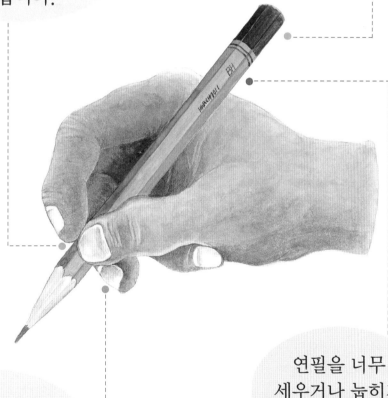

가운뎃손가락으로
연필을 받칩니다.

연필을 너무
세우거나 눕히지
않습니다.

School Life

목차

첫 번째 마당

연필을 바르게 잡고 다음 낱말을 따라 써 보아요.

살 구 꽃	살 구 꽃	살 구 꽃	살 구 꽃
살 구 꽃	살 구 꽃	살 구 꽃	살 구 꽃

뜨 락	뜨 락	뜨 락	뜨 락
뜨 락	뜨 락	뜨 락	뜨 락

포 도 송 이	포 도 송 이	포 도 송 이
포 도 송 이	포 도 송 이	포 도 송 이

진 돗 개	진 돗 개	진 돗 개	진 돗 개
진 돗 개	진 돗 개	진 돗 개	진 돗 개

산 수 유 꽃	산 수 유 꽃	산 수 유 꽃
산 수 유 꽃	산 수 유 꽃	산 수 유 꽃

 연필을 바르게 잡고 다음 낱말을 따라 써 보아요.

촘 촘 히 　촘 촘 히 　촘 촘 히 　촘 촘 히
　　　　 　촘 촘 히 　촘 촘 히 　촘 촘 히

휘 파 람 　휘 파 람 　휘 파 람 　휘 파 람
　　　　 　휘 파 람 　휘 파 람 　휘 파 람

사 진 관 　사 진 관 　사 진 관 　사 진 관
　　　　 　사 진 관 　사 진 관 　사 진 관

스 케 치 북 　스 케 치 북 　스 케 치 북
　　　　　 　스 케 치 북 　스 케 치 북

연 분 홍 　연 분 홍 　연 분 홍 　연 분 홍
　　　　 　연 분 홍 　연 분 홍 　연 분 홍

첫 번째 마당

다음 시를 읽고 문장을 따라 써 보아요.

아	무	리		보	아	도		고	운		실	인	데
아	무	리		보	아	도		고	운		실	인	데

옷	부	터		촉	촉	이		젖	어		든	다	.
옷	부	터		촉	촉	이		젖	어		든	다	.

아	무	리		보	아	도		색	은		없	는	데
아	무	리		보	아	도		색	은		없	는	데

온		들	에		연	둣	빛		물	이		든	다	.
온		들	에		연	둣	빛		물	이		든	다	.

10

다음 시를 읽고 문장을 따라 써 보아요.

바람이 부는 날의 풀잎들은

왜 저리 몸을 흔들까요.

소나기가 오는 날 풀잎들은

왜 저리 몸을 통통거릴까요.

띄어쓰기에 주의하며 문장을 바르게 써 보아요.

오후에	진돗개가	올	거다.

오후에 진돗개가 올 거다.
오후에 진돗개가 올 거다.

갑자기	가슴이	두근거렸다.

갑자기 가슴이 두근거렸다.
갑자기 가슴이 두근거렸다.

 띄어쓰기에 주의하며 문장을 바르게 써 보아요.

새로 올 진돗개는 잠자다가 ✓
새로 올 진돗개는 잠자다가

새로 올 진돗개는 잠자다가
새로 올 진돗개는 잠자다가

그냥 얻게 된 선물이 아니다.
그냥 얻게 된 선물이 아니다

그냥 얻게 된 선물이 아니다
그냥 얻게 된 선물이 아니다

띄어쓰기에 주의하며 문장을 바르게 써 보아요.

개	가		신	음		소	리	를		냈	다	.	눈
개	가		신	음		소	리	를		냈	다	.	눈

개 가   신 음   소 리 를   냈 다 . 눈

개 가   신 음   소 리 를   냈 다 . 눈

에	는		눈	곱	이		껴		있	고		털	도
에	는		눈	곱	이		껴		있	고		털	도

에 는   눈 곱 이   껴   있 고   털 도

에 는   눈 곱 이   껴   있 고   털 도

 띄어쓰기에 주의하며 문장을 바르게 써 보아요.

지	저	분	하	였	다	.	넘	새	까	지		지	독	하
지	저	분	하	였	다	.	넘	새	까	지		지	독	하

지 저 분 하 였 다 . 넘 새 까 지 　 지 독 하
지 저 분 하 였 다 . 넘 새 까 지 　 지 독 하

여		나	도		모	르	게		코	를		잡	았	다	.
여		나	도		모	르	게		코	를		잡	았	다	

여 　 나 도 　 모 르 게 　 코 를 　 잡 았 다
여 　 나 도 　 모 르 게 　 코 를 　 잡 았 다

첫 번째 마당

띄어쓰기에 주의하며 문장을 바르게 써 보아요.

나 는	그	꽃 나 무	있 는	데 로 ✓
나 는	그	꽃 나 무	있 는	데 로

나 는　그　꽃 나 무　있 는　데 로

나 는　그　꽃 나 무　있 는　데 로

쏜 살 같 이	달 려 갔 습 니 다 .	골 짜 기
쏜 살 같 이	달 려 갔 습 니 다 .	골 짜 기

쏜 살 같 이　달 려 갔 습 니 다 .　골 짜 기

쏜 살 같 이　달 려 갔 습 니 다 .　골 짜 기

16

 띄어쓰기에 주의하며 문장을 바르게 써 보아요.

를	내	려		다	시		산	으	로		기	어	올

를　내려　다시　산으로　기어올

를　내려　다시　산으로　기어올

라		꽃	나	무		아	래	까	지		갔	습	니	다	.

라　꽃나무　아래까지　갔습니다

라　꽃나무　아래까지　갔습니다

퍼즐로 배우는
낱말풀이

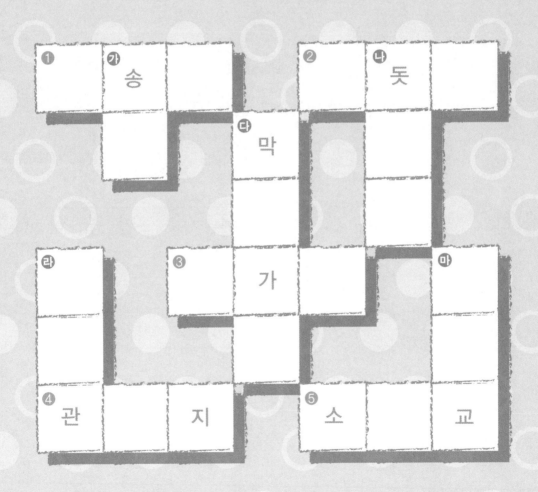

★ 해답은 113페이지

1 PUZZLE

가로 퍼즐

❶ 굵게 엉기어 꽃송이처럼 내리는 눈

❷ 개의 한 품종. 몸은 누런 갈색 또는 흰색이며 천연기념물 제53호. [비슷한 말] 진도견

❸ 콩을 빻아서 만든 가루

❹ 경치가 뛰어나거나 사적(史跡), 온천 따위가 있어 관광할 만한 곳.

❺ '초등학교'의 옛말

세로 퍼즐

㉮ 반달이나 모시조개 모양으로 빚어서 솔잎을 깔고 찐 떡. 흔히 추석 때 빚는다.

㉯ 왕골이나 골풀의 줄기를 재료로 하여 만든 자리

㉰ 도무지 융통성이 없고 고집이 세어 어찌할 수 없음

㉱ 일정한 시설을 갖추고 사진 찍는 일을 영업으로 하는 집

㉲ 예전에, 종합 대학을 단과 대학과 구별하여 이르던 말
초등학교, 중학교, 고등학교, ○학교

🚣 틀린 글자예요. 바르게 고쳐 써 보아요.

젓어 든다	젖어	젖어	젖어	젖어
	젖어	젖어	젖어	젖어

연두빛	연 듯 빛	연 듯 빛	연 듯 빛
	연 듯 빛	연 듯 빛	연 듯 빛

커다랏코	커 다 랗 고	커 다 랗 고
	커 다 랗 고	커 다 랗 고

귀를 극적이며	긁 적 이 며	긁 적 이 며
	긁 적 이 며	긁 적 이 며

두 번째 마당

연필을 바르게 잡고 다음 낱말을 따라 써 보아요.

| 동 고 비 | 동 고 비 | 동 고 비 | 동 고 비 |
| 동 고 비 | 동 고 비 | 동 고 비 | 동 고 비 |

| 예 닐 곱 | 예 닐 곱 | 예 닐 곱 | 예 닐 곱 |
| 예 닐 곱 | 예 닐 곱 | 예 닐 곱 | 예 닐 곱 |

| 딱 따 구 리 | 딱 따 구 리 | 딱 따 구 리 |
| 딱 따 구 리 | 딱 따 구 리 | 딱 따 구 리 |

| 마 라 톤 | 마 라 톤 | 마 라 톤 | 마 라 톤 |
| 마 라 톤 | 마 라 톤 | 마 라 톤 | 마 라 톤 |

| 하 루 빨 리 | 하 루 빨 리 | 하 루 빨 리 |
| 하 루 빨 리 | 하 루 빨 리 | 하 루 빨 리 |

 연필을 바르게 잡고 다음 낱말을 따라 써 보아요.

| 맨 발 | 맨 발 | 맨 발 | 맨 발 | 맨 발 |
| 맨 발 | 맨 발 | 맨 발 | 맨 발 | 맨 발 |

| 점 자 책 | 점 자 책 | 점 자 책 | 점 자 책 |
| 점 자 책 | 점 자 책 | 점 자 책 | 점 자 책 |

| 금 메 달 | 금 메 달 | 금 메 달 | 금 메 달 |
| 금 메 달 | 금 메 달 | 금 메 달 | 금 메 달 |

| 유 용 성 | 유 용 성 | 유 용 성 | 유 용 성 |
| 유 용 성 | 유 용 성 | 유 용 성 | 유 용 성 |

| 백 과 사 전 | 백 과 사 전 | 백 과 사 전 |
| 백 과 사 전 | 백 과 사 전 | 백 과 사 전 |

23

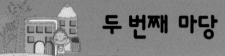

 다음 글을 읽고 문장을 따라 써 보아요.

동고비의 몸은 검은 회색이
동고비의 몸은 검은 회색이

고 가슴과 배는 누런색이다.
고 가슴과 배는 누런색이다.

수목원의 온갖 생명이 겨울잠
수목원의 온갖 생명이 겨울잠

에서 깨어나기 때문이다.
에서 깨어나기 때문이다.

다음 글을 읽고 문장을 따라 써 보아요.

보름 전쯤 숲을 돌아다니다 ✓
보름 전쯤 숲을 돌아다니다

동고비를 보았다. 딱따구리가
동고비를 보았다. 딱따구리가

밤나무에 파 놓은 구멍 속에 ✓
밤나무에 파 놓은 구멍 속에

동고비가 둥지를 틀고 있었다.
동고비가 둥지를 틀고 있었다.

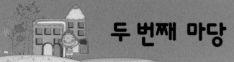

띄어쓰기에 주의하며 문장을 바르게 써 보아요.

며	칠	이		지	나	서		그	날		일	이
며	칠	이		지	나	서		그	날		일	이

며 칠 이   지 나 서   그 날   일 이

며 칠 이   지 나 서   그 날   일 이

궁	금	하	여		다	시		동	고	비		둥	지	를	✓
궁	금	하	여		다	시		동	고	비		둥	지	를	

궁 금 하 여   다 시   동 고 비   둥 지 를

궁 금 하 여   다 시   동 고 비   둥 지 를

 띄어쓰기에 주의하며 문장을 바르게 써 보아요.

찾	아	갔	더	니		동	고	비	가		다	시		돌
찾	아	갔	더	니		동	고	비	가		다	시		돌

찾아갔더니　　동고비가　　다시　　돌

찾아갔더니　　동고비가　　다시　　돌

아	와		둥	지	를		수	리	하	고		있	었	다 |.
아	와		둥	지	를		수	리	하	고		있	었	다

아와　　둥지를　　수리하고　　있었다

아와　　둥지를　　수리하고　　있었다

두 번째 마당

띄어쓰기에 주의하며 문장을 바르게 써 보아요.

어	머	니	께	서	는		주	말	도		없	이
어	머	니	께	서	는		주	말	도		없	이

어 머 니 께 서 는 　 주 말 도 　 없 이

어 머 니 께 서 는 　 주 말 도 　 없 이

하	루		종	일		일	하	셨	지	만	,	신	발
하	루		종	일		일	하	셨	지	만	,	신	발

하 루 　 종 일 　 일 하 셨 지 만 , 신 발

하 루 　 종 일 　 일 하 셨 지 만 , 신 발

28

띄어쓰기에 주의하며 문장을 바르게 써 보아요.

한		켤	레	,	옷		한		벌		사		입	으
한		켤	레	,	옷		한		벌		사		입	으

한　　켤 레　,　옷　　한　　벌　　사　　입 으

한　　켤 레　,　옷　　한　　벌　　사　　입 으

실		형	편	이		못		되	었	습	니	다	.
실		형	편	이		못		되	었	습	니	다	.

실　　형 편 이　　못　　되 었 습 니 다 .

실　　형 편 이　　못　　되 었 습 니 다 .

 띄어쓰기에 주의하며 문장을 바르게 써 보아요.

분	필	가	루		마	구		칠	할		때	는	

분필가루　　마구　　칠할　　때는

분필가루　　마구　　칠할　　때는

정	말		병		걸	릴		것	만		같	은		얼

정말　　병　　걸릴　　것만　　같은　　얼

정말　　병　　걸릴　　것만　　같은　　얼

30

띄어쓰기에 주의하며 문장을 바르게 써 보아요.

굴		하	지	만		하	지	만		공	부	하	는

아	이	들		커	여	운		아	이	들	.		

퍼즐로 배우는 낱말풀이

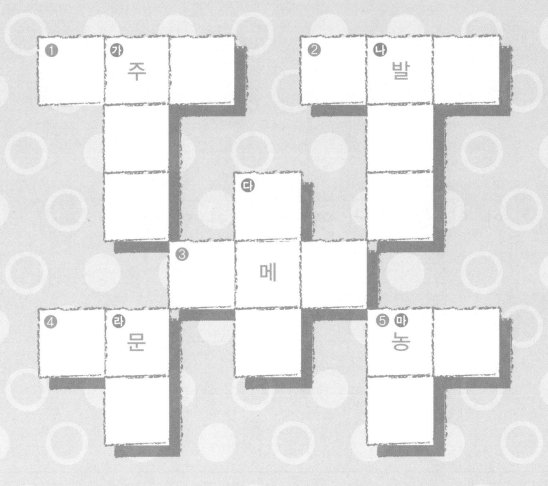

❶ 　　가 주
❷ 　　나 발
❸ 　　메
다
❹ 　　라 문
❺ 마 농

★ 해답은 113페이지

2 PUZZLE

가로 퍼즐

① 그 지역에 본디부터 살고 있는 사람들

② 신을 넣어 두는 장

③ 구리로 만든 메달. 각종 경기나 경연에서 금메달,
은메달에 이어 흔히 삼등 입상자에게 주어진다.

④ 사회에서 발생한 사건에 대한 사실이나 해설을 널리
신속하게 전달하기 위한 정기 간행물

⑤ 곡류, 과채류 따위의 씨나 모종을 심어 기르고 거두는
따위의 일

세로 퍼즐

㉮ 물이나 술 따위를 데우거나 담아서 따르게 만든 그릇

㉯ 아직까지 없던 기술이나 물건을 새로 생각하여 만들어
내는 일을 전문적으로 하는 사람

㉰ 금으로 만들거나 금으로 도금한 메달. 주로 운동 경기
나 그 밖의 각종 대회에서 우승한 사람에게 준다.

㉱ 주소, 이름 따위를 적어서 대문 위나 옆에 붙이는
작은 패

㉲ 농사짓는 일을 하는 직업

틀린 글자예요. 바르게 고쳐 써 보아요.

꼼꼼이	꼼 꼼 히	꼼 꼼 히	꼼 꼼 히
	꼼 꼼 히	꼼 꼼 히	꼼 꼼 히

발로 발꼬	밟 고	밟 고	밟 고	밟 고
	밟 고	밟 고	밟 고	밟 고

싹 티울	틔 울	틔 울	틔 울	틔 울
	틔 울	틔 울	틔 울	틔 울

이러틋	이 렇 듯	이 렇 듯	이 렇 듯
	이 렇 듯	이 렇 듯	이 렇 듯

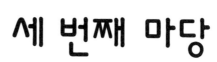

세 번째 마당

세 번째 마당

 연필을 바르게 잡고 다음 낱말을 따라 써 보아요.

| 모 | 깃 | 불 | 모 | 깃 | 불 | 모 | 깃 | 불 | 모 | 깃 | 불 |
| 모 | 깃 | 불 | 모 | 깃 | 불 | 모 | 깃 | 불 | 모 | 깃 | 불 |

| 아 | 랫 | 배 | 아 | 랫 | 배 | 아 | 랫 | 배 | 아 | 랫 | 배 |
| 아 | 랫 | 배 | 아 | 랫 | 배 | 아 | 랫 | 배 | 아 | 랫 | 배 |

| 대 | 관 | 령 | 대 | 관 | 령 | 대 | 관 | 령 | 대 | 관 | 령 |
| 대 | 관 | 령 | 대 | 관 | 령 | 대 | 관 | 령 | 대 | 관 | 령 |

| 증 | 조 | 할 | 아 | 버 | 지 | 증 | 조 | 할 | 아 | 버 | 지 |
| 증 | 조 | 할 | 아 | 버 | 지 | 증 | 조 | 할 | 아 | 버 | 지 |

| 권 | 장 | 량 | 권 | 장 | 량 | 권 | 장 | 량 | 권 | 장 | 량 |
| 권 | 장 | 량 | 권 | 장 | 량 | 권 | 장 | 량 | 권 | 장 | 량 |

 연필을 바르게 잡고 다음 낱말을 따라 써 보아요.

| 호 르 몬 | 호 르 몬 | 호 르 몬 | 호 르 몬 |
| 호 르 몬 | 호 르 몬 | 호 르 몬 | 호 르 몬 |

| 스 트 레 스 | 스 트 레 스 | 스 트 레 스 |
| 스 트 레 스 | 스 트 레 스 | 스 트 레 스 |

| 벼 농 사 | 벼 농 사 | 벼 농 사 | 벼 농 사 |
| 벼 농 사 | 벼 농 사 | 벼 농 사 | 벼 농 사 |

| 풍 물 놀 이 | 풍 물 놀 이 | 풍 물 놀 이 |
| 풍 물 놀 이 | 풍 물 놀 이 | 풍 물 놀 이 |

| 버 팀 목 | 버 팀 목 | 버 팀 목 | 버 팀 목 |
| 버 팀 목 | 버 팀 목 | 버 팀 목 | 버 팀 목 |

세 번째 마당

 다음 글을 읽고 문장을 따라 써 보아요.

미	래	에	는		전	자	책	이		종	이	책	을	✓
미	래	에	는		전	자	책	이		종	이	책	을	

대	신	할		것	이	라	는		의	견	까	지		나
대	신	할		것	이	라	는		의	견	까	지		나

오	고		있	다	.	과	연		종	이	책	의		미
오	고		있	다	.	과	연		종	이	책	의		미

래	는		어	떻	게		될		것	인	가	?
래	는		어	떻	게		될		것	인	가	?

38

다음 글을 읽고 문장을 따라 써 보아요.

	돌		두		개	를		준	비	하	여		그	중

| 의 | | 하 | 나 | 에 | | 숯 | 으 | 로 | | 표 | 시 | 한 | | 뒤 | ✓ |

| 표 | 시 | 된 | | 돌 | 을 | | 뽑 | 은 | | 사 | 람 | 이 | | 물 |

| 을 | | 떠 | | 오 | 기 | 로 | | 하 | 였 | 습 | 니 | 다 | . |

39

띄어쓰기에 주의하며 문장을 바르게 써 보아요.

웃	음	이		설		자	리	를		잃	은		것
웃	음	이		설		자	리	를		잃	은		것

웃 음 이　　 설　　 자 리 를　　 잃 은　　 것

웃 음 이　　 설　　 자 리 를　　 잃 은　　 것

은		답	답	한		현	실	과		무	거	운		일
은		답	답	한		현	실	과		무	거	운		일

은　　 답 답 한　　 현 실 과　　 무 거 운　　 일

은　　 답 답 한　　 현 실 과　　 무 거 운　　 일

 띄어쓰기에 주의하며 문장을 바르게 써 보아요.

상		때	문	이	다	.	그	러	나		삶	이		무
상		때	문	이	다	.	그	러	나		삶	이		무

상　　때문이다. 그러나　　삶이　　무
상　　때문이다. 그러나　　삶이　　무

거	울	수	록		웃	음	이		필	요	하	다	.
거	울	수	록		웃	음	이		필	요	하	다	.

거울수록　　웃음이　　필요하다.
거울수록　　웃음이　　필요하다.

 띄어쓰기에 주의하며 문장을 바르게 써 보아요.

여	러	분	은		'	얼	굴	'	하	면		무	엇
여	러	분	은		'	얼	굴	'	하	면		무	엇

여 러 분 은 　 ' 얼 굴 ' 하 면 　 무 엇

여 러 분 은 　 ' 얼 굴 ' 하 면 　 무 엇

이		먼	저		떠	오	르	나	요	?		눈	,	코	,
이		먼	저		떠	오	르	나	요	?		눈	,	코	

이 　 먼 저 　 떠 오 르 나 요 ? 　 눈 , 코

이 　 먼 저 　 떠 오 르 나 요 ? 　 눈 , 코

 띄어쓰기에 주의하며 문장을 바르게 써 보아요.

입	이		있	는		여	러	분	의		신	체		부
입	이		있	는		여	러	분	의		신	체		부

입 이 　 있 는 　 여 러 분 의 　 신 체 　 부
입 이 　 있 는 　 여 러 분 의 　 신 체 　 부

위	가		떠	오	를		것	입	니	다	.
위	가		떠	오	를		것	입	니	다	.

위 가 　 떠 오 를 　 것 입 니 다 .
위 가 　 떠 오 를 　 것 입 니 다 .

 띄어쓰기에 주의하며 문장을 바르게 써 보아요.

이	윽	고		소	년	은		한		번	도		가	✓
이	윽	고		소	년	은		한		번	도		가	

이 윽 고　　　소 년 은　　　한　　　번 도　　　가

이 윽 고　　　소 년 은　　　한　　　번 도　　　가

보	지		못	한		먼		동	네		위	를		쏜
보	지		못	한		먼		동	네		위	를		쏜

보 지　　　못 한　　　먼　　　동 네　　　위 를　　　쏜

보 지　　　못 한　　　먼　　　동 네　　　위 를　　　쏜

띄어쓰기에 주의하며 문장을 바르게 써 보아요.

살	같	이		흐	르	는		별	똥	별	을		따	라
살	같	이		흐	르	는		별	똥	별	을		따	라

살같이   흐르는   별똥별을   따라

살같이   흐르는   별똥별을   따라

가	다	가		스	르	르		잠	이		들	었	다	.
가	다	가		스	르	르		잠	이		들	었	다	.

가다가   스르르   잠이   들었다.

가다가   스르르   잠이   들었다.

퍼즐로 배우는
낱말풀이

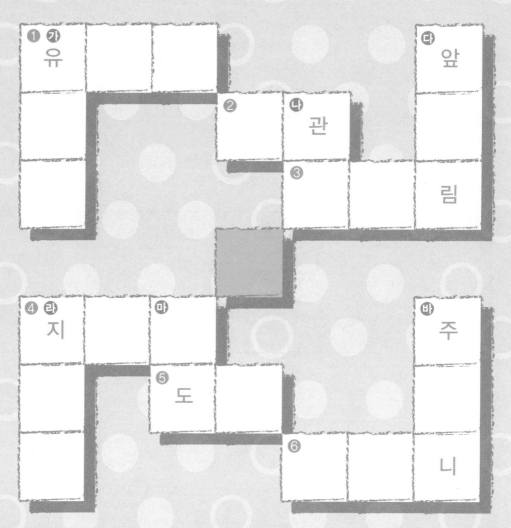

★ 해답은 113페이지

46

3 PUZZLE

가로 퍼즐

① 우유를 가공하여 만든 식품을 통틀어 이르는 말

② 어떤 행위를 오랫동안 되풀이하는 과정에서 저절로 익혀진 행동 방식

③ 고기나 과일 따위의 식료품을 양철통에 넣고 가열 · 살균한 뒤 밀봉하여 오래 보존할 수 있도록 한 식품

④ 빗물이 땅속에 스며들어 고인 물. 음료수나 관개 · 공업 용수 따위로 이용한다.

⑤ 사람, 차 따위가 잘 다닐 수 있도록 만들어 놓은 길

⑥ 자기를 낳아 준 여자를 이르거나 부르는 말

세로 퍼즐

㉮ 유리를 낀 창

㉯ 꿰뚫어서 통함

㉰ 제 앞에 닥친 일을 제힘으로 해냄

㉱ 글씨나 그림 따위를 지우는 물건

㉲ 도를 닦음

㉳ 자질구레한 물품 따위를 넣어 허리에 차거나 들고 다니도록 만든 물건

3 세 번째 마당

틀린 글자예요. 바르게 고쳐 써 보아요.

배알이	배 앓 이	배 앓 이	배 앓 이
	배 앓 이	배 앓 이	배 앓 이

논뚜렁	논 두 렁	논 두 렁	논 두 렁
	논 두 렁	논 두 렁	논 두 렁

뿔뿌리	뿔 뿔 이	뿔 뿔 이	뿔 뿔 이
	뿔 뿔 이	뿔 뿔 이	뿔 뿔 이

누러케	누 렁 게	누 렁 게	누 렁 게
	누 렁 게	누 렁 게	누 렁 게

네 번째 마당

 연필을 바르게 잡고 다음 낱말을 따라 써 보아요.

| 공 동 체 | 공 동 체 | 공 동 체 | 공 동 체 |
| 공 동 체 | 공 동 체 | 공 동 체 | 공 동 체 |

| 이 산 화 탄 소 | 이 산 화 탄 소 |
| 이 산 화 탄 소 | 이 산 화 탄 소 |

| 배 출 량 | 배 출 량 | 배 출 량 | 배 출 량 |
| 배 출 량 | 배 출 량 | 배 출 량 | 배 출 량 |

| 온 난 화 | 온 난 화 | 온 난 화 | 온 난 화 |
| 온 난 화 | 온 난 화 | 온 난 화 | 온 난 화 |

| 노 랫 말 | 노 랫 말 | 노 랫 말 | 노 랫 말 |
| 노 랫 말 | 노 랫 말 | 노 랫 말 | 노 랫 말 |

 연필을 바르게 잡고 다음 낱말을 따라 써 보아요.

판 소 리 　판 소 리 　판 소 리 　판 소 리
판 소 리 　판 소 리 　판 소 리 　판 소 리

편 지 함 　편 지 함 　편 지 함 　편 지 함
편 지 함 　편 지 함 　편 지 함 　편 지 함

손 잡 이 　손 잡 이 　손 잡 이 　손 잡 이
손 잡 이 　손 잡 이 　손 잡 이 　손 잡 이

숨 바 꼭 질 　숨 바 꼭 질 　숨 바 꼭 질
숨 바 꼭 질 　숨 바 꼭 질 　숨 바 꼭 질

길 모 퉁 이 　길 모 퉁 이 　길 모 퉁 이
길 모 퉁 이 　길 모 퉁 이 　길 모 퉁 이

네 번째 마당

 다음 글을 읽고 문장을 따라 써 보아요.

하	늘	로		치	솟	는		듯	한		새	로	운	✓
하	늘	로		치	솟	는		듯	한		새	로	운	

그	림		형	태	는		돼	지	로		변	한		사
그	림		형	태	는		돼	지	로		변	한		사

람	들	의		위	태	위	태	한		마	음	을		잘	✓
람	들	의		위	태	위	태	한		마	음	을		잘	

드	러	내	고		있	습	니	다	.
드	러	내	고		있	습	니	다	.

52

다음 글을 읽고 문장을 따라 써 보아요.

동화책　길모퉁이　행운돼지는 ✓
동화책　길모퉁이　행운돼지는

진정한　행운이란　과연　무엇인
진정한　행운이란　과연　무엇인

지에　대하여　우리　스스로　생
지에　대하여　우리　스스로　생

각하여　보게　합니다.
각하여　보게　합니다.

 띄어쓰기에 주의하며 문장을 바르게 써 보아요.

어	렵	게		느	낄		수		있	는		생	명
어	렵	게		느	낄		수		있	는		생	명

어렵게　느낄　수　있는　생명

어렵게　느낄　수　있는　생명

의		역	사	를		무	대		위	에	서		설	명
의		역	사	를		무	대		위	에	서		설	명

의　역사를　무대　위에서　설명

의　역사를　무대　위에서　설명

54

 띄어쓰기에 주의하며 문장을 바르게 써 보아요.

하	기		때	문	에		마	치		텔	레	비	전	을	✓
하	기		때	문	에		마	치		텔	레	비	전	을	

하 기　　때 문 에　　마 치　　텔 레 비 전 을

하 기　　때 문 에　　마 치　　텔 레 비 전 을

보	는		것	처	럼		흥	미	진	진	합	니	다	.
보	는		것	처	럼		흥	미	진	진	합	니	다	.

보 는　　것 처 럼　　흥 미 진 진 합 니 다 .

보 는　　것 처 럼　　흥 미 진 진 합 니 다 .

네 번째 마당

🚣 띄어쓰기에 주의하며 문장을 바르게 써 보아요.

지구의	환경을	파괴하는	이
지구의	환경을	파괴하는	이

지구의 환경을 파괴하는 이

지구의 환경을 파괴하는 이

산화탄소의	배출량을	줄이기
산화탄소의	배출량을	줄이기

산화탄소의 배출량을 줄이기

산화탄소의 배출량을 줄이기

띄어쓰기에 주의하며 문장을 바르게 써 보아요.

위하여 우리가 할 수 있는

위하여 우리가 할 수 있는

위하여 우리가 할 수 있는

위하여 우리가 할 수 있는

일에는 무엇이 있을까요?

일에는 무엇이 있을까요?

일에는 무엇이 있을까요?

일에는 무엇이 있을까요?

네 번째 마당

 띄어쓰기에 주의하며 문장을 바르게 써 보아요.

해	마	다		3	월		마	지	막		주		토
해	마	다		3	월		마	지	막		주		토

해 마 다   3 월   마 지 막   주   토

해 마 다   3 월   마 지 막   주   토

요	일		오	후		8	시		30	분	부	터		한	✓
요	일		오	후		8	시		30	분	부	터		한	

요 일   오 후   8 시   30 분 부 터   한

요 일   오 후   8 시   30 분 부 터   한

 띄어쓰기에 주의하며 문장을 바르게 써 보아요.

시	간		동	안		전	깃	불	을		끄	면		행
시	간		동	안		전	깃	불	을		끄	면		행

시 간 동 안 전 깃 불 을 끄 면 행

시 간 동 안 전 깃 불 을 끄 면 행

사	에		참	여	할		수		있	습	니	다	.
사	에		참	여	할		수		있	습	니	다	.

사 에 참 여 할 수 있 습 니 다 .

사 에 참 여 할 수 있 습 니 다 .

퍼즐로 배우는
낱말풀이

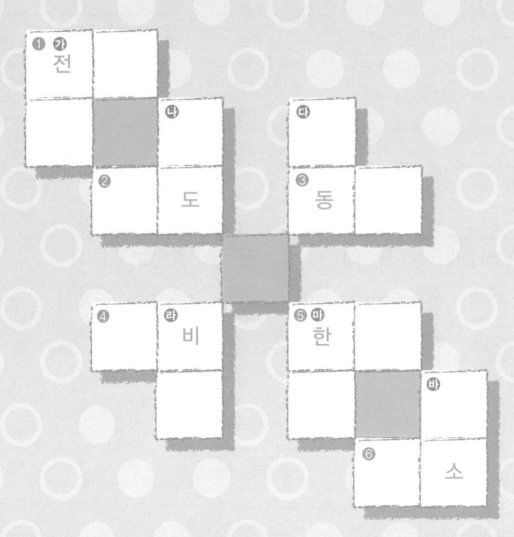

❶	가 전				
		나	다	
❷	도		❸ 동	
❹	라 비		❺ 마 한	
				바
			❻	소

★ 해답은 113페이지

60

4 PUZZLE

가로 퍼즐

❶ 전기의 힘으로 밝은 빛을 내는 등

❷ 건물 안에 다니게 된 통로

❸ 사람을 제외한 길짐승, 날짐승, 물짐승 따위를 통틀어
   이르는 말

❹ 흥부전에서 박씨를 물어다준 새

❺ 우리나라의 고유한 옷

❻ 소리 없이 빙긋이 웃음

세로 퍼즐

㉮ 다니던 학교에서 다른 학교로 옮김

㉯ 따뜻함과 차가움의 정도. 또는 그것을 나타내는 수치

㉰ 사람이 몸을 단련하거나 건강을 위하여
   몸을 움직이는 일

㉱ 때를 씻어 낼 때 쓰는 물건

㉲ 우리나라 재래종으로 농경, 운반 따위의 일을 하는
   동물

㉳ 밭에서 기르는 농작물. 주로 그 잎이나 줄기, 열매
   따위는 식용한다.

 틀린 글자예요. 바르게 고쳐 써 보아요.

| 전기불 | 전 깃 불 | 전 깃 불 | 전 깃 불 |
| | 전 깃 불 | 전 깃 불 | 전 깃 불 |

| 쓰래기 | 쓰 레 기 | 쓰 레 기 | 쓰 레 기 |
| | 쓰 레 기 | 쓰 레 기 | 쓰 레 기 |

| 양개장 | 양 계 장 | 양 계 장 | 양 계 장 |
| | 양 계 장 | 양 계 장 | 양 계 장 |

| 굼주리고 | 굶 주 리 고 | 굶 주 리 고 |
| | 굶 주 리 고 | 굶 주 리 고 |

다섯 번째 마당

다섯 번째 마당

 연필을 바르게 잡고 다음 낱말을 따라 써 보아요.

| 산 | 꼭 | 대 | 기 | 산 | 꼭 | 대 | 기 | 산 | 꼭 | 대 | 기 |
| 산 | 꼭 | 대 | 기 | 산 | 꼭 | 대 | 기 | 산 | 꼭 | 대 | 기 |

| 동 | 서 | 남 | 북 | 동 | 서 | 남 | 북 | 동 | 서 | 남 | 북 |
| 동 | 서 | 남 | 북 | 동 | 서 | 남 | 북 | 동 | 서 | 남 | 북 |

| 글 | 씨 | 체 | 글 | 씨 | 체 | 글 | 씨 | 체 | 글 | 씨 | 체 |
| 글 | 씨 | 체 | 글 | 씨 | 체 | 글 | 씨 | 체 | 글 | 씨 | 체 |

| 순 | 우 | 리 | 말 | 순 | 우 | 리 | 말 | 순 | 우 | 리 | 말 |
| 순 | 우 | 리 | 말 | 순 | 우 | 리 | 말 | 순 | 우 | 리 | 말 |

| 토 | 박 | 이 | 말 | 토 | 박 | 이 | 말 | 토 | 박 | 이 | 말 |
| 토 | 박 | 이 | 말 | 토 | 박 | 이 | 말 | 토 | 박 | 이 | 말 |

 연필을 바르게 잡고 다음 낱말을 따라 써 보아요.

존 경 심   존 경 심   존 경 심   존 경 심
존 경 심   존 경 심   존 경 심   존 경 심

덩 굴 딸 기   덩 굴 딸 기   덩 굴 딸 기
덩 굴 딸 기   덩 굴 딸 기   덩 굴 딸 기

개 울 물   개 울 물   개 울 물   개 울 물
개 울 물   개 울 물   개 울 물   개 울 물

물 거 품   물 거 품   물 거 품   물 거 품
물 거 품   물 거 품   물 거 품   물 거 품

별 주 부 전   별 주 부 전   별 주 부 전
별 주 부 전   별 주 부 전   별 주 부 전

다섯 번째 마당

 다음 글을 읽고 문장을 따라 써 보아요.

그	의		봉	사		활	동	이		계	속	되	면
그	의		봉	사		활	동	이		계	속	되	면

서		항	상		자	신	보	다		다	른		사	람
서		항	상		자	신	보	다		다	른		사	람

들	을		먼	저		생	각	하	는		김	영	옥
들	을		먼	저		생	각	하	는		김	영	옥

대	령	에		대	하	여		사	람	들	이		알	게	✓
대	령	에		대	하	여		사	람	들	이		알	게	

 다음 글을 읽고 문장을 따라 써 보아요.

되었고, 미국에 사는 한국인들
되었고, 미국에 사는 한국인들

은 물론 일본을 비롯한 많은 ✓
은 물론 일본을 비롯한 많은

다른 나라 출신 미국인들도
다른 나라 출신 미국인들도

그의 삶에 감동을 느꼈다.
그의 삶에 감동을 느꼈다.

 띄어쓰기에 주의하며 문장을 바르게 써 보아요.

이	때	부	터		일	제	의		대	규	모		수
이	때	부	터		일	제	의		대	규	모		수

이	때	부	터		일	제	의		대	규	모		수
이	때	부	터		일	제	의		대	규	모		수

색	이		시	작	되	었	다	.	나	는		일	단
색	이		시	작	되	었	다	.	나	는		일	단

색	이		시	작	되	었	다	.	나	는		일	단
색	이		시	작	되	었	다	.	나	는		일	단

 띄어쓰기에 주의하며 문장을 바르게 써 보아요.

몸을   숨긴   다음 , 누가   잡혀 가

몸을   숨긴   다음 , 누가   잡혀 가

몸을   숨긴   다음 , 누가   잡혀 가

몸을   숨긴   다음 , 누가   잡혀 가

고   누가   무사한지   알아보았다 .

고   누가   무사한지   알아보았다 .

고   누가   무사한지   알아보았다

고   누가   무사한지   알아보았다

 띄어쓰기에 주의하며 문장을 바르게 써 보아요.

원	숭	이		마	을	에	는		먹	을		것	이	✓
원	숭	이		마	을	에	는		먹	을		것	이	

원숭이 마을에는 먹을 것이

원숭이 마을에는 먹을 것이

얼	마	든	지		있	었	다	.	봄	이	면		겨	울	✓
얼	마	든	지		있	었	다	.	봄	이	면		겨	울	

얼마든지 있었다. 봄이면 겨울

얼마든지 있었다. 봄이면 겨울

띄어쓰기에 주의하며 문장을 바르게 써 보아요.

동 안	삭 은	망 개	열 매 가	있 었

동 안　삭 은　망 개　열 매 가　있 었

동 안　삭 은　망 개　열 매 가　있 었

고 ,	덩 굴 딸 기 가	익 어	갔 다 .

고 , 덩 굴 딸 기 가　익 어　갔 다 .

고 , 덩 굴 딸 기 가　익 어　갔 다 .

다섯 번째 마당

🚣 띄어쓰기에 주의하며 문장을 바르게 써 보아요.

네		개	의		큰		문	을		사	대	문	이
네		개	의		큰		문	을		사	대	문	이

네　개의　큰　문을　사대문이
네　개의　큰　문을　사대문이

라	고		하	는	데	,	동	쪽	의		흥	인	지	문	,
라	고		하	는	데	,	동	쪽	의		흥	인	지	문	

라고　하는데, 동쪽의　흥인지문
라고　하는데, 동쪽의　흥인지문

 띄어쓰기에 주의하며 문장을 바르게 써 보아요.

서쪽의　돈의문, 남쪽의　숭례문,

서쪽의　돈의문, 남쪽의　숭례문

서쪽의　돈의문, 남쪽의　숭례문

서쪽의　돈의문, 남쪽의　숭례문

북쪽의　숙정문이　그것이다.

북쪽의　숙정문이　그것이다.

북쪽의　숙정문이　그것이다.

북쪽의　숙정문이　그것이다.

퍼즐로 배우는 낱말풀이

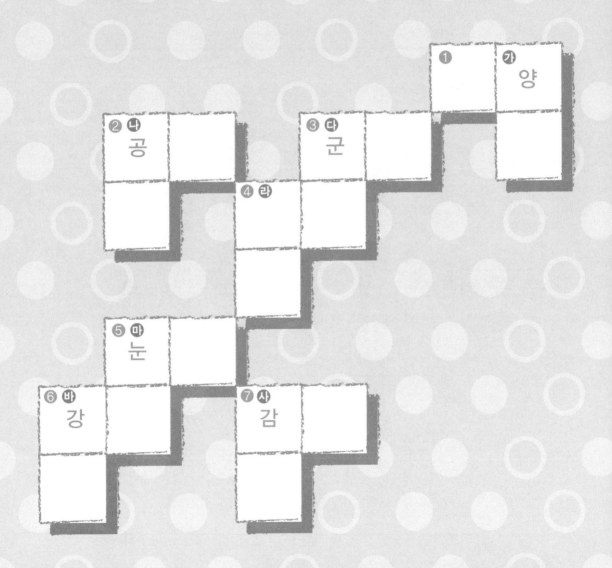

★ 해답은 113페이지

5 PUZZLE

가로 퍼즐

① 서울의 옛 이름

② 국가나 지방 공공 단체가 공중의 보건 · 휴양 · 놀이 따위를 위하여 마련한 정원, 유원지, 동산 등의 사회 시설

③ 겨울에 주로 먹는 음식으로 구운 밤

④ 생활에서 충분한 만족과 기쁨을 느끼어 흐뭇함

⑤ 눈에서 나오는 진득진득한 액으로 그것이 말라붙은 것

⑥ 강에 흐르는 물

⑦ 주로 바이러스로 말미암아 걸리는 호흡 계통의 병. 보통 코가 막히고 열이 나며 머리가 아프다.

세로 퍼즐

㉮ 여자들이 볕을 가리기 위하여 쓰는 우산 모양의 큰 물건

㉯ 항공 수송을 위하여 사용하는 공공용 비행장

㉰ 군인의 제복

㉱ 그릇, 밥상 따위를 닦거나 씻는 데 쓰는 헝겊

㉲ 눈알 바깥 면의 위에 있는 눈물샘에서 나오는 분비물

㉳ 아주 단단하고 굳센 철

㉴ 전기가 통하고 있는 도체에 신체의 일부가 닿아서 순간적으로 충격을 받는 것

틀린 글자예요. 바르게 고쳐 써 보아요.

숭례문	숭 례 문	숭 례 문	숭 례 문
	숭 례 문	숭 례 문	숭 례 문

찌뿌렸던	찌 푸 렸 던	찌 푸 렸 던	
	찌 푸 렸 던	찌 푸 렸 던	

흥쾌히	흔 쾌 히	흔 쾌 히	흔 쾌 히
	흔 쾌 히	흔 쾌 히	흔 쾌 히

칙덩쿨	칡 덩 굴	칡 덩 굴	칡 덩 굴
	칡 덩 굴	칡 덩 굴	칡 덩 굴

여섯 번째 마당

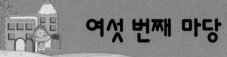

 연필을 바르게 잡고 다음 낱말을 따라 써 보아요.

| 운 동 화 | 운 동 화 | 운 동 화 | 운 동 화 |
| 운 동 화 | 운 동 화 | 운 동 화 | 운 동 화 |

| 신 통 방 통 | 신 통 방 통 | 신 통 방 통 |
| 신 통 방 통 | 신 통 방 통 | 신 통 방 통 |

| 콜 레 스 테 롤 | 콜 레 스 테 롤 |
| 콜 레 스 테 롤 | 콜 레 스 테 롤 |

| 동 의 보 감 | 동 의 보 감 | 동 의 보 감 |
| 동 의 보 감 | 동 의 보 감 | 동 의 보 감 |

| 호 흡 기 | 호 흡 기 | 호 흡 기 | 호 흡 기 |
| 호 흡 기 | 호 흡 기 | 호 흡 기 | 호 흡 기 |

 연필을 바르게 잡고 다음 낱말을 따라 써 보아요.

일 가 친 척	일 가 친 척	일 가 친 척
일 가 친 척	일 가 친 척	일 가 친 척
장 작 개 비	장 작 개 비	장 작 개 비
장 작 개 비	장 작 개 비	장 작 개 비
교 통 사 고	교 통 사 고	교 통 사 고
교 통 사 고	교 통 사 고	교 통 사 고
소 방 대 원	소 방 대 원	소 방 대 원
소 방 대 원	소 방 대 원	소 방 대 원
채 찍	채 찍	채 찍	채 찍	채 찍
채 찍	채 찍	채 찍	채 찍	채 찍

 다음 글을 읽고 문장을 따라 써 보아요.

첫째, 오미자는 호흡기 질환

에 좋습니다. 기침을 멋게 하

고 가래를 없애 주어 감기,

천식, 비염 등에 탁월합니다.

다음 글을 읽고 문장을 따라 써 보아요.

둘째, 오미자는 피로를 없애

는 데 효과적입니다. 오미자의 ✓

신맛에는 피로를 없애 주는

특별한 효능이 있습니다.

띄어쓰기에 주의하며 문장을 바르게 써 보아요.

어린이	보행	사고를	줄이는 ✓
어린이	보행	사고를	줄이는

어린이　　보행　　사고를　　줄이는

어린이　　보행　　사고를　　줄이는

방법은	무엇일까?	운전자에게 ✓
방법은	무엇일까?	운전자에게

방법은　　무엇일까?　　운전자에게

방법은　　무엇일까?　　운전자에게

 띄어쓰기에 주의하며 문장을 바르게 써 보아요.

어	린	이		보	행		안	전	에		대	한		교
어	린	이		보	행		안	전	에		대	한		교

어	린	이		보	행		안	전	에		대	한		교
어	린	이		보	행		안	전	에		대	한		교

육	을		철	저	히		해	야		한	다	.	
육	을		철	저	히		해	야		한	다	.	

육	을		철	저	히		해	야		한	다	.	
육	을		철	저	히		해	야		한	다	.	

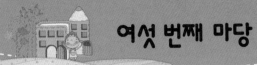

여섯 번째 마당

띄어쓰기에 주의하며 문장을 바르게 써 보아요.

| 남 | 자 | 는 | | 할 | | 수 | | 있 | 고 | | 여 | 자 | 는 | ✓ |

남자는　할　수　있고　여자는

남자는　할　수　있고　여자는

| 못 | 하 | 는 | | 일 | , | 또 | 는 | | 그 | 와 | | 반 | 대 | 로 | ✓ |

못하는　일,　또는　그와　반대로

못하는　일,　또는　그와　반대로

띄어쓰기에 주의하며 문장을 바르게 써 보아요.

여	자	는		할		수		있	고		남	자	는
여	자	는		할		수		있	고		남	자	는

여 자 는　　할　　수　　있 고　　남 자 는

여 자 는　　할　　수　　있 고　　남 자 는

못	하	는		일	이	란		좀	처	럼		드	물	다	.
못	하	는		일	이	란		좀	처	럼		드	물	다

못 하 는　　일 이 란　　좀 처 럼　　드 물 다

못 하 는　　일 이 란　　좀 처 럼　　드 물 다

퍼즐로 배우는 낱말풀이

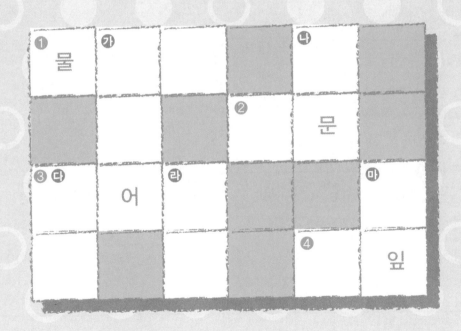

★ 해답은 113페이지

6 PUZZLE

가로 퍼즐

① 어류의 척추동물을 통틀어 이르는 말

② 사람들 입에 오르내려 전하여 들리는 말

③ 연어의 알

④ 꽃을 이루고 있는 낱낱의 조각 잎

세로 퍼즐

㉮ 자반○○○, 간○○○, ○○○ 조림

㉯ 공기나 햇빛을 받을 수 있고, 밖을 내다볼 수 있도록 벽이나 지붕에 낸 작은 문

㉰ 배우가 각본에 따라 어떤 사건이나 인물을 말과 동작으로 관객에게 보여 주는 무대 예술

㉱ 약재를 가루로 만들어 반죽하여 작고 둥글게 빚은 약

㉲ 들깻잎과 참깻잎을 통틀어 이르는 말. 반찬감이나 한약재로 쓰인다.

6 여섯 번째 마당

틀린 글자예요. 바르게 고쳐 써 보아요.

맷돼지	멧 돼 지	멧 돼 지	멧 돼 지
	멧 돼 지	멧 돼 지	멧 돼 지

래슬링	레 슬 링	레 슬 링	레 슬 링
	레 슬 링	레 슬 링	레 슬 링

불은색	붉 은 색	붉 은 색	붉 은 색
	붉 은 색	붉 은 색	붉 은 색

혀바닥	헛 바 닥	헛 바 닥	헛 바 닥
	헛 바 닥	헛 바 닥	헛 바 닥

일곱 번째 마당

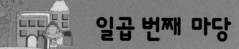

 연필을 바르게 잡고 다음 낱말을 따라 써 보아요.

채 송 화	채 송 화	채 송 화	채 송 화
채 송 화	채 송 화	채 송 화	채 송 화

어 깨 동 무	어 깨 동 무	어 깨 동 무
어 깨 동 무	어 깨 동 무	어 깨 동 무

입 속 말	입 속 말	입 속 말	입 속 말
입 속 말	입 속 말	입 속 말	입 속 말

휘 파 람	휘 파 람	휘 파 람	휘 파 람
휘 파 람	휘 파 람	휘 파 람	휘 파 람

눈 초 리	눈 초 리	눈 초 리	눈 초 리
눈 초 리	눈 초 리	눈 초 리	눈 초 리

 연필을 바르게 잡고 다음 낱말을 따라 써 보아요.

| 전 봇 줄 | 전 봇 줄 | 전 봇 줄 | 전 봇 줄 |
| 전 봇 줄 | 전 봇 줄 | 전 봇 줄 | 전 봇 줄 |

| 꼬 박 꼬 박 | 꼬 박 꼬 박 | 꼬 박 꼬 박 |
| 꼬 박 꼬 박 | 꼬 박 꼬 박 | 꼬 박 꼬 박 |

| 외 바 퀴 | 외 바 퀴 | 외 바 퀴 | 외 바 퀴 |
| 외 바 퀴 | 외 바 퀴 | 외 바 퀴 | 외 바 퀴 |

| 보 금 자 리 | 보 금 자 리 | 보 금 자 리 |
| 보 금 자 리 | 보 금 자 리 | 보 금 자 리 |

| 청 둥 오 리 | 청 둥 오 리 | 청 둥 오 리 |
| 청 둥 오 리 | 청 둥 오 리 | 청 둥 오 리 |

 다음 글을 읽고 문장을 따라 써 보아요.

| 잎 | 싹 | 은 | | 한 | 숨 | 을 | | 쉬 | 며 | | 밖 | 을 |
| 잎 | 싹 | 은 | | 한 | 숨 | 을 | | 쉬 | 며 | | 밖 | 을 |

| 보 | 았 | 다 | . | 닭 | 장 | | 철 | 망 | | 속 | 에 | 서 | 나 | 마 | ✓ |
| 보 | 았 | 다 | . | 닭 | 장 | | 철 | 망 | | 속 | 에 | 서 | 나 | 마 | |

| 잎 | 싹 | 은 | | 밖 | 을 | | 내 | 다 | 볼 | | 수 | | 있 | 다 | . |
| 잎 | 싹 | 은 | | 밖 | 을 | | 내 | 다 | 볼 | | 수 | | 있 | 다 | |

| 문 | | 쪽 | 에 | | 살 | 기 | | 때 | 문 | 이 | 다 | . | 양 | 계 |
| 문 | | 쪽 | 에 | | 살 | 기 | | 때 | 문 | 이 | 다 | . | 양 | 계 |

 다음 글을 읽고 문장을 따라 써 보아요.

장	문	이		잘		맞	지		않	아	서		언
장	문	이		잘		맞	지		않	아	서		언
제	나		문	틈	으	로			아	까	시	나	무	가
제	나		문	틈	으	로			아	까	시	나	무	가
보	였	다	.	잎	싹	은			그		사	실	이		더
보	였	다	.	잎	싹	은			그		사	실	이		더
없	이		좋	았	다	.								
없	이		좋	았	다	.								

 띄어쓰기에 주의하며 문장을 바르게 써 보아요.

이	번	에		제	가		이	리	로		오	는
이	번	에		제	가		이	리	로		오	는

이 번 에 　 제 가 　 이 리 로 　 오 는

이 번 에 　 제 가 　 이 리 로 　 오 는

길	에		역	수	를		건	너	다	가		큰		조
길	에		역	수	를		건	너	다	가		큰		조

길 에 　 역 수 를 　 건 너 다 가 　 큰 　 조

길 에 　 역 수 를 　 건 너 다 가 　 큰 　 조

 띄어쓰기에 주의하며 문장을 바르게 써 보아요.

개		하	나	가		입	을		벌	리	고		햇	볕
개		하	나	가		입	을		벌	리	고		햇	볕

개 하 나 가 입 을 벌 리 고 햇 볕
개 하 나 가 입 을 벌 리 고 햇 볕

을		쬐	는		광	경	을		보	았	습	니	다	.
을		쬐	는		광	경	을		보	았	습	니	다	.

을 쬐 는 광 경 을 보 았 습 니 다 .
을 쬐 는 광 경 을 보 았 습 니 다 .

일곱 번째 마당

 띄어쓰기에 주의하며 문장을 바르게 써 보아요.

“	미	,	믿	을		수		없	는		일	입	니
“	미	,	믿	을		수		없	는		일	입	니

“ 미 , 믿 을 　 수 　 없 는 　 일 입 니

“ 미 , 믿 을 　 수 　 없 는 　 일 입 니

다	!		조	금		전	보	다		더	욱		거	대
다	!		조	금		전	보	다		더	욱		거	대

다 ! 　 조 금 　 전 보 다 　 더 욱 　 거 대

다 ! 　 조 금 　 전 보 다 　 더 욱 　 거 대

96

 띄어쓰기에 주의하며 문장을 바르게 써 보아요.

해	진			바	윗	돌	이		불	도	저	를		장	난
해	진			바	윗	돌	이		불	도	저	를		장	난

해 진   바 윗 돌 이   불 도 저 를   장 난
해 진   바 윗 돌 이   불 도 저 를   장 난

감	처	럼		밀	어	내	고		있	습	니	다	.	"
감	처	럼		밀	어	내	고		있	습	니	다	.	"

감 처 럼   밀 어 내 고   있 습 니 다 . "
감 처 럼   밀 어 내 고   있 습 니 다 . "

퍼즐로 배우는
낱말풀이

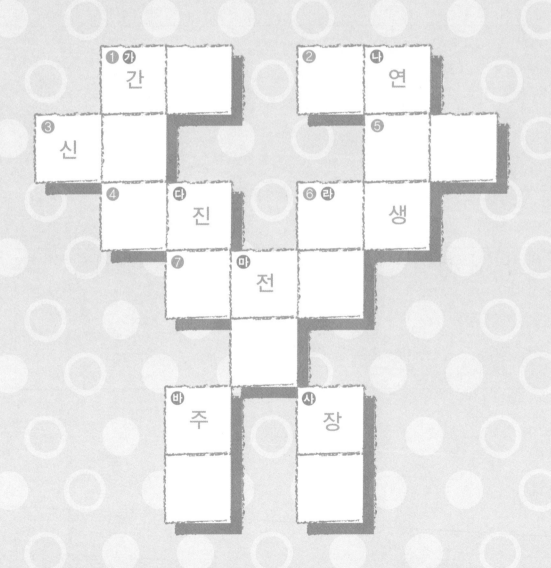

①㉮ 간				②	④㉯ 연	
간					연	
③ 신				⑤		
신						
④	㉰ 진		⑥㉴ 라	생	
	진		라	생	
	⑦	㉵ 전			
		전			
㉶ 주		㉷ 장	
주		장	

★ 해답은 113페이지

7 PUZZLE

가로 퍼즐

❶ 음식의 간을 맞추는 데 쓰는 짠맛이 나는 흑갈색 액체

❷ 연료가 탈 때 나오는, 그을음이 섞인 연기

❸ 전화나 무전기 따위가 울리는 소리

❹ 물체의 형상을 감광막 위에 나타나도록 찍어 오랫동안 보존할 수 있게 만든 영상

❺ 물기가 많아 젖은 듯한 기운

❻ 죽은 사람이 다시 태어남

❼ 물이나 술 따위를 데우거나 담아서 따르게 만든 그릇

세로 퍼즐

㉮ 의사의 진료를 돕고 환자를 돌보는 사람

㉯ 기술이나 지식 따위를 익숙하도록 되풀이하여 익히는 사람

㉰ 조개·대합·전복 따위의 조가비나 살 속에 생기는 딱딱한 덩어리

㉱ 병들거나 다쳐서 치료를 받아야 할 사람

㉲ 앞으로 나아감

㉳ 대상이나 물건 따위를 소유한 사람

㉴ 오래도록 삶

7 일곱 번째 마당

틀린 글자예요. 바르게 고쳐 써 보아요.

은빛 날개	은 빛 은 빛 은 빛 은 빛 은 빛 은 빛 은 빛 은 빛
패인트	페 인 트 페 인 트 페 인 트 페 인 트 페 인 트 페 인 트
부디친	부 딪 힌 부 딪 힌 부 딪 힌 부 딪 힌 부 딪 힌 부 딪 힌
암닭	암 탉 암 탉 암 탉 암 탉 암 탉 암 탉 암 탉 암 탉

여덟 번째 마당

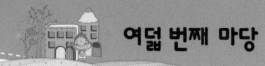

 연필을 바르게 잡고 다음 낱말을 따라 써 보아요.

| 오 랑 캐 | 오 랑 캐 | 오 랑 캐 | 오 랑 캐 |
| 오 랑 캐 | 오 랑 캐 | 오 랑 캐 | 오 랑 캐 |

| 미 풍 양 속 | 미 풍 양 속 | 미 풍 양 속 |
| 미 풍 양 속 | 미 풍 양 속 | 미 풍 양 속 |

| 탐 관 오 리 | 탐 관 오 리 | 탐 관 오 리 |
| 탐 관 오 리 | 탐 관 오 리 | 탐 관 오 리 |

| 귓 속 말 | 귓 속 말 | 귓 속 말 | 귓 속 말 |
| 귓 속 말 | 귓 속 말 | 귓 속 말 | 귓 속 말 |

| 능 청 스 레 | 능 청 스 레 | 능 청 스 레 |
| 능 청 스 레 | 능 청 스 레 | 능 청 스 레 |

연필을 바르게 잡고 다음 낱말을 따라 써 보아요.

헐 떡 헐 떡	헐 떡 헐 떡	헐 떡 헐 떡
헐 떡 헐 떡	헐 떡 헐 떡	헐 떡 헐 떡

허 둥 지 둥	허 둥 지 둥	허 둥 지 둥
허 둥 지 둥	허 둥 지 둥	허 둥 지 둥

화 초 장	화 초 장	화 초 장	화 초 장
화 초 장	화 초 장	화 초 장	화 초 장

헌 병 대	헌 병 대	헌 병 대	헌 병 대
헌 병 대	헌 병 대	헌 병 대	헌 병 대

모 란 꽃	모 란 꽃	모 란 꽃	모 란 꽃
모 란 꽃	모 란 꽃	모 란 꽃	모 란 꽃

 다음 글을 읽고 문장을 따라 써 보아요.

광개토 대왕이 고구려를 부

강한 나라로 만들기 전까지,

고구려의 역사는 시련의 연속

이었다. 고구려는 남과 북을

다음 글을 읽고 문장을 따라 써 보아요.

둘 러 싸 고   있 던   여 러   나 라 와
둘 러 싸 고   있 던   여 러   나 라 와

충 돌 하 면 서   끊 임 없 이   전 쟁 을
충 돌 하 면 서   끊 임 없 이   전 쟁 을

치 렀 고 , 이 로   인 하 여   나 라   안
치 렀 고 , 이 로   인 하 여   나 라   안

팎 은   어 수 선 하 였 다 .
팎 은   어 수 선 하 였 다 .

 띄어쓰기에 주의하며 문장을 바르게 써 보아요.

그	날	,	유	관	순	도		친	구	들	과		함
그	날	,	유	관	순	도		친	구	들	과		함

그 날 , 유 관 순 도 친 구 들 과 함

그 날 , 유 관 순 도 친 구 들 과 함

께		거	리	로		나	갔	다	.	태	극	기	를
께		거	리	로		나	갔	다	.	태	극	기	를

께 거 리 로 나 갔 다 . 태 극 기 를

께 거 리 로 나 갔 다 . 태 극 기 를

 띄어쓰기에 주의하며 문장을 바르게 써 보아요.

든		남	녀	노	소	가		한	목	소	리	로		독
든		남	녀	노	소	가		한	목	소	리	로		독

든　　남 녀 노 소 가　　한 목 소 리 로　　독

든　　남 녀 노 소 가　　한 목 소 리 로　　독

립		만	세	를		부	르	고		있	었	다	.
립		만	세	를		부	르	고		있	었	다	.

립　　만 세 를　　부 르 고　　있 었 다 .

립　　만 세 를　　부 르 고　　있 었 다 .

 여덟 번째 마당

띄어쓰기에 주의하며 문장을 바르게 써 보아요.

놀	부	는		먼	저		눈	에		띄	는		대
놀	부	는		먼	저		눈	에		띄	는		대

놀부는　　먼저　　눈에　　띄는　　대

놀부는　　먼저　　눈에　　띄는　　대

로		무	엇	이	든	지		마	구		내	놓	으	라
로		무	엇	이	든	지		마	구		내	놓	으	라

로　　무엇이든지　　마구　　내놓으라

로　　무엇이든지　　마구　　내놓으라

띄어쓰기에 주의하며 문장을 바르게 써 보아요.

| 고 | | 하 | 였 | 고 | , | 흥 | 부 | 는 | | 그 | 때 | 마 | 다 |

고　하였고, 흥부는　그때마다

고　하였고, 흥부는　그때마다
고　하였고, 흥부는　그때마다

| 그 | 것 | 을 | | 즐 | 겁 | 게 | | 허 | 락 | 하 | 였 | 다 | . |

그것을　즐겁게　허락하였다.

그것을　즐겁게　허락하였다.
그것을　즐겁게　허락하였다.

퍼즐로 배우는 낱말풀이

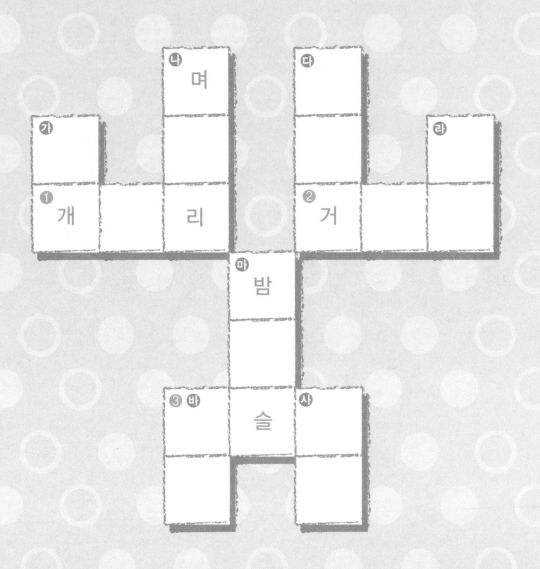

★ 해답은 113페이지

8 PUZZLE

가로 퍼즐

① 이른 봄에 잎보다 먼저 노란 꽃이 먼저 핀다.

② 거미가 뽑아낸 줄. 또는 그 줄로 된 그물

③ 하천이나 연못에서 사는데 검은 갈색이나
  누런 갈색이고 때로 흰 얼룩무늬가 있다.

세로 퍼즐

㉮ 몸은 양쪽이 같고 좌우로 납작하며, 둘 또는 하나의
  껍데기와 외투막으로 덮여 있다.

㉯ 아들의 아내를 이르는 말

㉰ 사람이 타고 앉아 두 다리의 힘으로 바퀴를 돌려서
  가게 된 탈것

㉱ 삼 따위로 세 가닥을 지어 굵다랗게 꼰 줄

㉲ 밤사이에 내리는 이슬

㉳ 물을 건너거나 또는 한편의 높은 곳에서 다른 편의
  높은 곳으로 건너다닐 수 있도록 만든 시설물

㉴ 기관차에 여객차나 화물차를 연결하여 궤도 위를
  운행하는 차량. 사람이나 화물을 실어 나른다.

틀린 글자예요. 바르게 고쳐 써 보아요.

헐뜻는	헐 뜯 는	헐 뜯 는	헐 뜯 는
	헐 뜯 는	헐 뜯 는	헐 뜯 는

선물을 질머지고	짊 어 지 고	짊 어 지 고	
	짊 어 지 고	짊 어 지 고	

횟불	횃 불	횃 불	횃 불	횃 불
	횃 불	횃 불	횃 불	횃 불

삿삿이	샅 샅 이	샅 샅 이	샅 샅 이
	샅 샅 이	샅 샅 이	샅 샅 이

퍼즐 정답

1

```
눈 송 이   진 돗 개
  편 막   자
    무   리
사   콩 가 루   대
진       내   학
관 광 지   소 학 교
```

2

```
원 주 민   신 발 장
  전       명
  자   금   가
      동 메 달
신 문   달   농 사
  패       부
```

3

```
유 제 품     앞
리     습 관 가
창     통 조 림
지 하 수     주
우   도 로   머
개     어 머 니
```

4

```
전 등
학   온   운
  복 도   동 물
제 비   한 복
  누   우   채
      미 소
```

5

```
        한 양
공 원 군 밤 산
  항 행 복
    주
  눈 곱
강 물 감 기
철   전
```

6

```
물 고 기   창
    등 소 문
연 어 알   깻
극   약 꽃 잎
```

7

```
  간 장 매 연
신 호     습 기
  사 진 환 생
    주 전 자
      진
  주   장
  인   수
```

8

```
    며 자
조 느 전 밧
개 나 리 거 미 줄
      밤
      이
  다 슬 기
  리   차
```

원고지 사용법

제목쓰기
– 맨 첫째 줄은 비우고, 둘째 줄 가운데에 씁니다.

						학	교						

학교, 학년 반, 이름쓰기

• 학교는 제목 다음 줄에 쓰며, 뒤에서 세 칸을 비웁니다.
• 학년과 반은 학교 다음 줄에 쓰며, 뒤에서 세 칸을 비웁니다.
• 이름은 학년, 반 다음 줄에 쓰며, 뒤에서 두 칸을 비웁니다.
• 본문은 이름 밑에 한 줄을 띄운 후 문장이 시작될때는 항상 첫 칸을
  비우고 씁니다.

						학	교						
						행	복	초	등	학	교		
						제	6	학	년		1	반	
								김	하	늘			
	친	구	와		학	교	에		가	요	.		

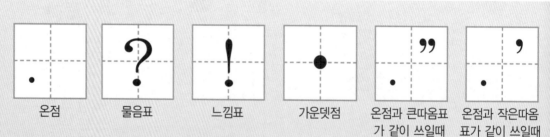

온점	물음표	느낌표	가운뎃점	온점과 큰따옴표 가 같이 쓰일때	온점과 작은따옴 표가 같이 쓰일때

● 아라비아 숫자는 한 칸에 두 자씩 씁니다.

	19	98	년		2	월		28	일					

● 문장 부호도 한 칸을 차지합니다.(온점)

	하	였	습	니	다	.								

● 말없음표는 한 칸에 세 개씩 나누어 두 칸에 찍습니다.

	꼭		가		보	고		싶	은	데	…	…	.	

● 문장 부호 중 물음표나 느낌표는 그 다음 글을 쓸 때는 한 칸을 비웁니다. 그러나 온점이나 반점은 그 다음 칸을 비우지 않고 씁니다.

	하	느	님	!		하	느	님	이		정	말		계	실	까	?
	보	람	이	는		궁	금	했	습	니	다	.		누	구	한	테
물	어	보	아	야		하	나	?		엄	마	한	테		물	어	볼
까	,	아	빠	한	테		물	어	볼	까	?						

큰따옴표

작은따옴표